CONOCE LA HISTORIA DE ESTADOS UNIDOS

LA GUERRA HISPANO-ESTADOUNIDENSE

MARIE ROESSER

TRADUCIDO POR ALBERTO JIMÉNEZ

Gareth Stevens PUBLISHING

ENCONTEXTO

Please visit our website, www.garethstevens.com. For a free color catalog of all our high-quality books, call toll free 1-800-542-2595 or fax 1-877-542-2596.

Cataloging-in-Publication Data

Names: Roesser, Marie.
Title: La guerra hispano-estadounidense / Marie Roesser.
Description: New York : Gareth Stevens Publishing, 2020. | Series: Conoce la historia de Estados Unidos | Includes a glossary and index.
Identifiers: ISBN 9781538250501 (pbk.) | ISBN 9781538250525 (library bound) | ISBN 9781538250518 (6 pack)
Subjects: LCSH: Spanish-American War, 1898--Juvenile literature.
Classification: LCC E715.R64 2020 | DDC 973.8'9--dc23

First Edition

Published in 2020 by
Gareth Stevens Publishing
111 East 14th Street, Suite 349
New York, NY 10003

Translator: Alberto Jiménez
Editor, Spanish: Rossana Zuñiga
Editor: Therese M. Shea

Photo credits: Series art Christophe BOISSON/Shutterstock.com; (feather quill) Galushko Sergey/Shutterstock.com; (parchment) mollicart-design/Shutterstock.com; cover, p. 1 DE AGOSTINI PICTURE LIBRARY/De Agostini/Getty Images; p. 5 dikobraziy/Shutterstock.com; p. 7 Historical/Corbis Historical/Getty Images; pp. 9, 11, 17, 19, 21, 29 Everett Historical/Shutterstock.com; p. 13 The Frent Collection/Corbis Historical/Getty Images; p. 15 Photo 12/Universal Images Group /Getty Images; p. 23 Time Life Pictures/ The LIFE Picture Collection/Getty Images; p. 25 https://commons.wikimedia.org/wiki/File:John_Hay_signs_Treaty_of_Paris,_1899.JPG; p. 27 https://commons.wikimedia.org/wiki/File:Battle_of_Paceo.jpg.

Printed in the United States of America

CONTENIDO

Estados Unidos en guerra 4
Luchar por la libertad 6
¡Recuerda el *Maine*! 10
Declaración de guerra 14
En Filipinas 16
En el Caribe 18
La batalla en las colinas de San Juan 20
El Tratado de París 24
Después de la guerra 28
Fechas clave de la guerra hispano-estadounidense 30
Glosario 31
Para más información 32
Índice 32

Las palabras del glosario se muestran en **negrita** la primera vez que aparecen en el texto.

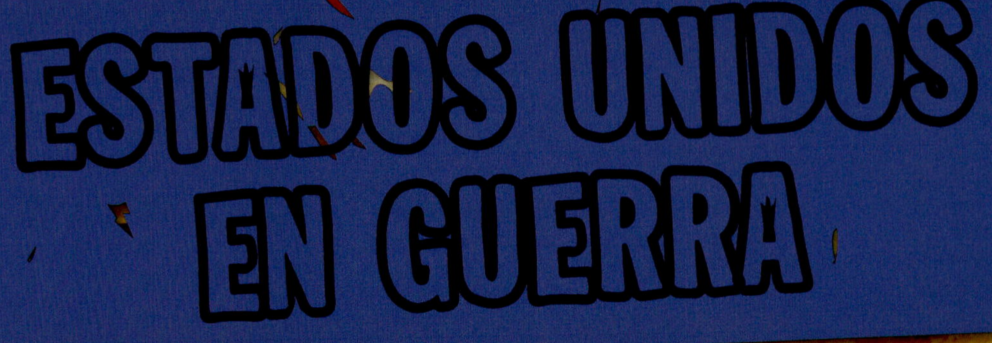

ESTADOS UNIDOS EN GUERRA

En 1898 Estados Unidos libró una guerra contra España, entre otras razones, para ayudar a los cubanos a conseguir su **independencia.** Después de la guerra, consiguió ciertos **territorios** en América Latina, o Latinoamérica, y en el océano Pacífico Occidental.

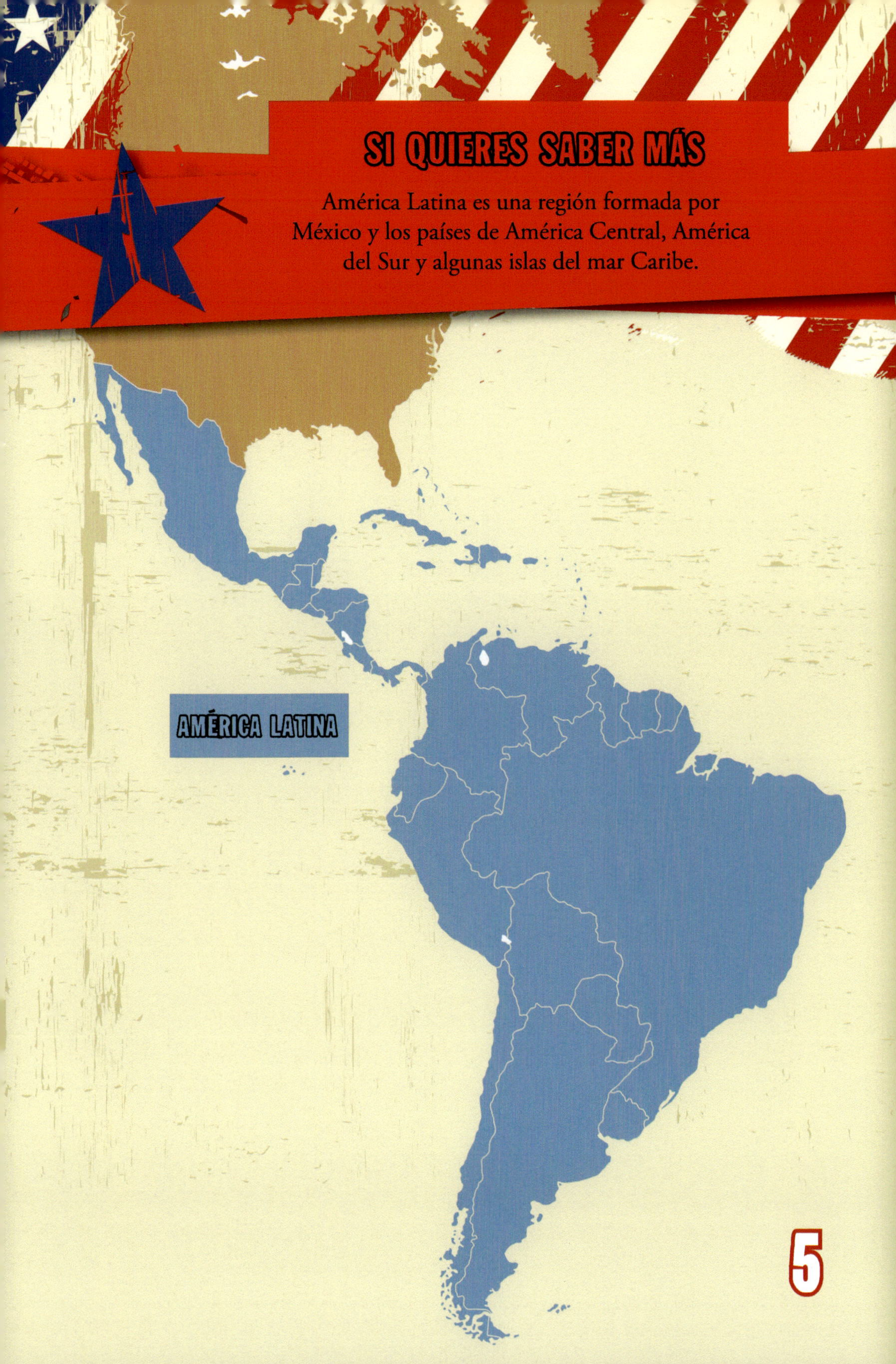
SI QUIERES SABER MÁS
América Latina es una región formada por México y los países de América Central, América del Sur y algunas islas del mar Caribe.
AMÉRICA LATINA

LUCHAR POR LA LIBERTAD

En febrero de 1895, el pueblo cubano comenzó a luchar para independizarse de España; en aquellos tiempos Cuba era una **colonia** española. Los líderes españoles encerraban a los **rebeldes** en campos de concentración llamados *reconcentrados*, donde miles morían de hambre y enfermedades.

SI QUIERES SABER MÁS

Los periódicos de Estados Unidos mostraban a los cubanos rebeldes que sufrían en los campos de concentración. Los estadounidenses querían ayudarlos.

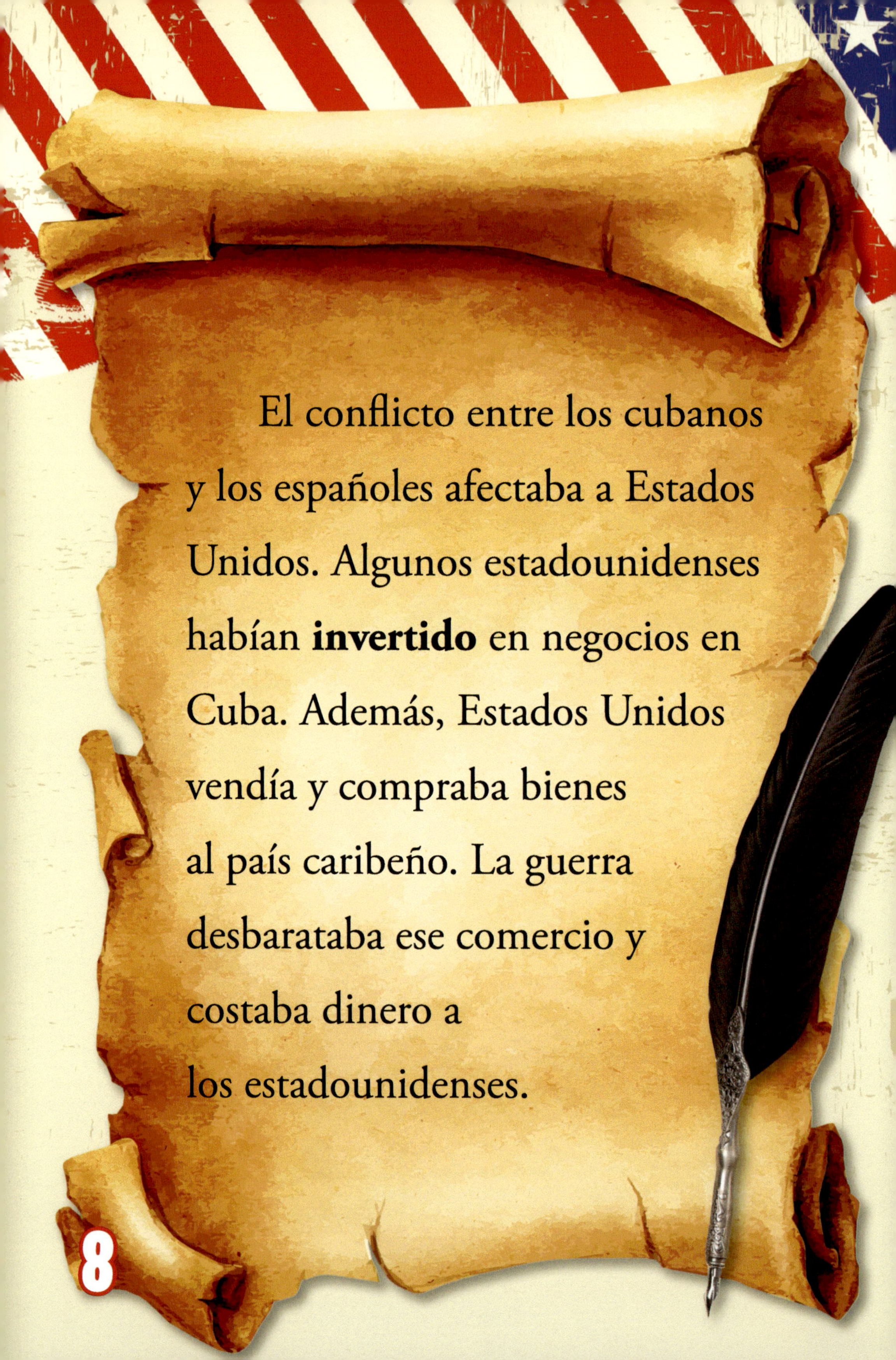

El conflicto entre los cubanos y los españoles afectaba a Estados Unidos. Algunos estadounidenses habían **invertido** en negocios en Cuba. Además, Estados Unidos vendía y compraba bienes al país caribeño. La guerra desbarataba ese comercio y costaba dinero a los estadounidenses.

SI QUIERES SABER MÁS

William McKinley (arriba) se convirtió en presidente de Estados Unidos en 1897. Al principio, quería mantenerse al margen del conflicto cubano.

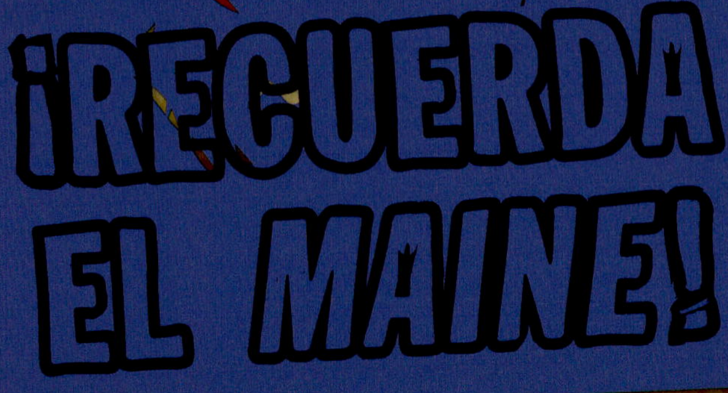

¡RECUERDA EL MAINE!

El **acorazado** *USS Maine* navegó hasta Cuba para proteger a los estadounidenses que vivían allí. El 15 de febrero de 1898, una **explosión** hundió el barco y mató a más de 260 marineros. La causa de la explosión fue desconocida, pero muchos estadounidenses culparon a España.

SI QUIERES SABER MÁS

En 1976 **investigadores** afirmaron que la explosión del *Maine* pareció deberse a un incendio. Es probable que España no tuviera nada que ver con la explosión.

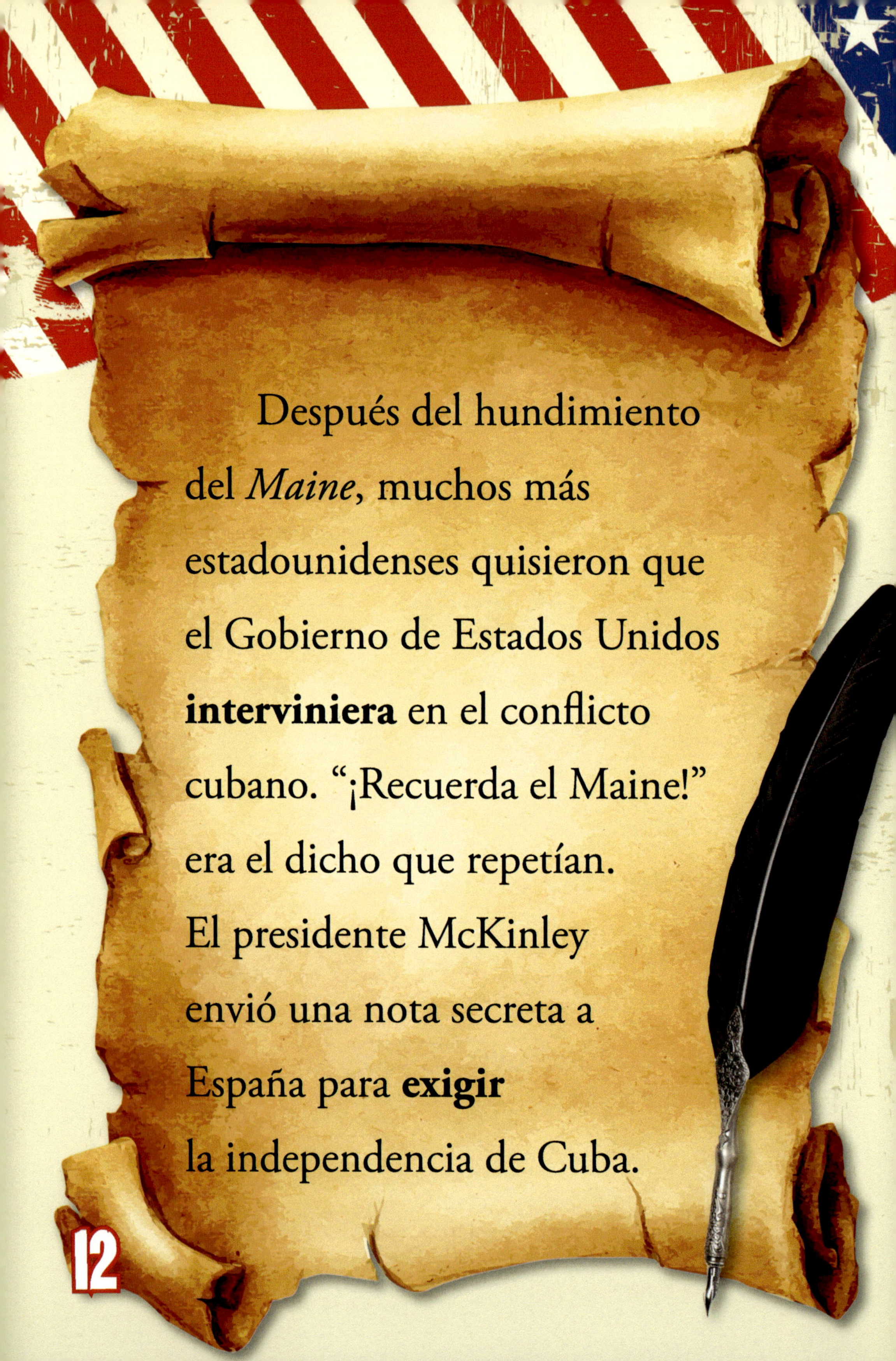

Después del hundimiento del *Maine*, muchos más estadounidenses quisieron que el Gobierno de Estados Unidos **interviniera** en el conflicto cubano. "¡Recuerda el Maine!" era el dicho que repetían. El presidente McKinley envió una nota secreta a España para **exigir** la independencia de Cuba.

SI QUIERES SABER MÁS

En 1897, España intentó hacer las paces con los rebeldes cubanos. Sin embargo, para entonces, los cubanos querían la independencia total.

DECLARACIÓN DE GUERRA

El 24 de abril de 1898, España **declaró** la guerra a Estados Unidos. Al día siguiente, Estados Unidos se la declaró a España. La guerra hispano-estadounidense, o guerra de Cuba, se disputó principalmente en el Caribe y en Filipinas. En ese momento, Filipinas era una colonia española en el sudeste asiático.

SI QUIERES SABER MÁS

Estados Unidos se comprometió a respetar la independencia que tanto deseaban los cubanos.

SOLDADOS ESTADOUNIDENSES EMBARCANDO CON DESTINO A LA GUERRA

EN FILIPINAS

El 1 de mayo de 1898, el **comodoro** George Dewey dirigió las fuerzas navales estadounidenses hacia la bahía de Manila, en Filipinas. Sus buques dispararon a los barcos españoles y los destruyeron. A finales de julio de 1898, llegaron a Filipinas cerca de 11 000 soldados estadounidenses.

SI QUIERES SABER MÁS

Los soldados estadounidenses tomaron el control de Manila, la capital de Filipinas, en agosto de 1898.

La Armada de Estados Unidos envió barcos a Cuba, incluyendo cuatro nuevos buques de guerra, para impedir que los españoles salieran del puerto de la ciudad de Santiago de Cuba.

El Ejército estadounidense envió una fuerza para luchar en tierra que incluía muchos **voluntarios**.

SI QUIERES SABER MÁS

Los *Rough Riders* (Jinetes Recios) era el nombre de un regimiento voluntario de caballería que acompañó al ejército estadounidense en Cuba. El futuro presidente Theodore Roosevelt era su líder.

LA BATALLA EN LAS COLINAS DE SAN JUAN

El ejército de Estados Unidos se dirigió a Santiago de Cuba, donde el ejército español había tomado las colinas alrededor de la ciudad. Estados Unidos pretendía arrebatárselas para tomar el control de la ciudad. Tras intensos combates, los estadounidenses ganaron la llamada batalla de las Colinas de San Juan.

SI QUIERES SABER MÁS

Un grupo de soldados afroamericanos destacó por su valentía durante la guerra hispano-estadounidense. A veces se les llama los soldados búfalo (*Buffalo Soldiers*).

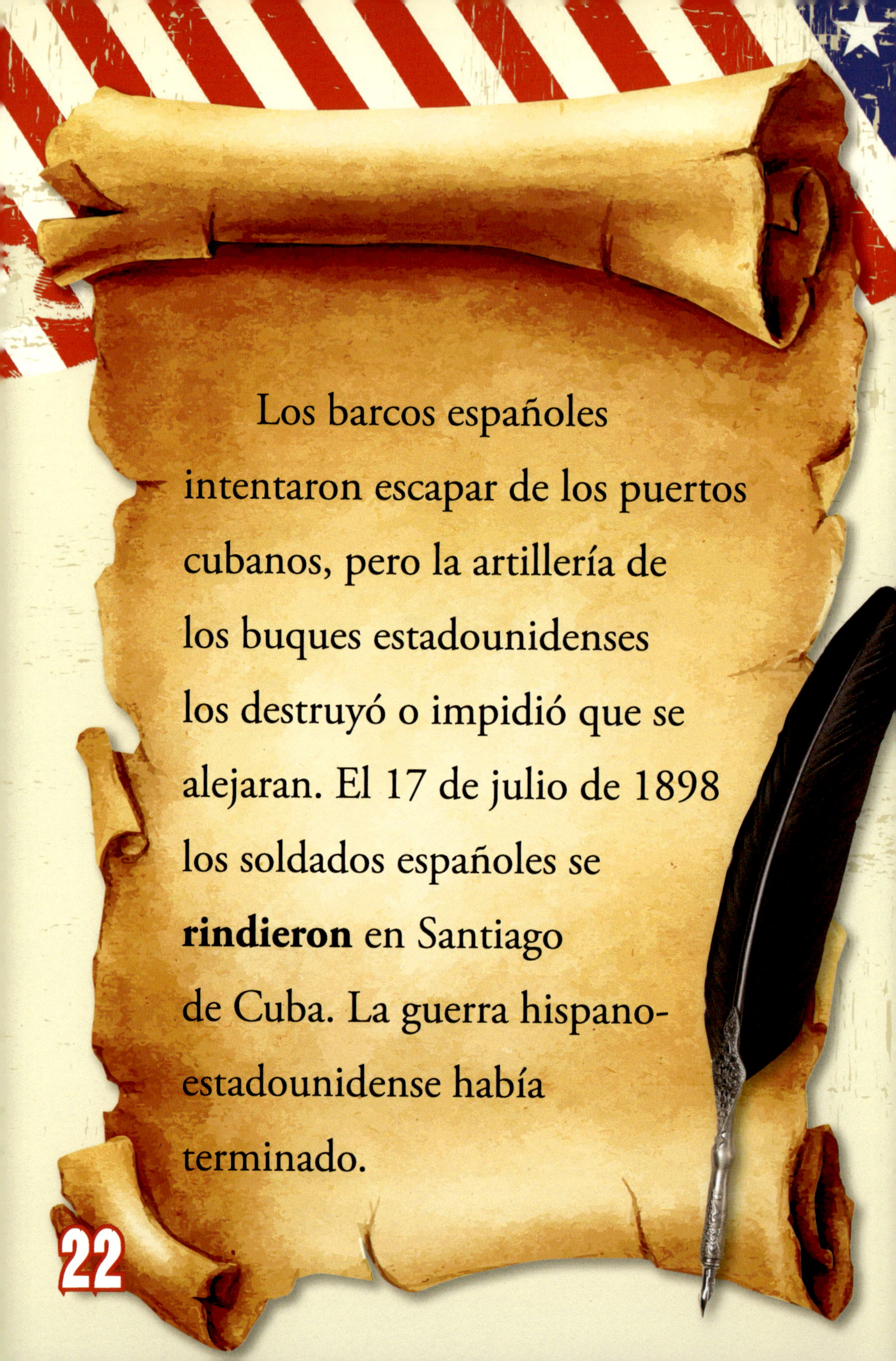

Los barcos españoles intentaron escapar de los puertos cubanos, pero la artillería de los buques estadounidenses los destruyó o impidió que se alejaran. El 17 de julio de 1898 los soldados españoles se **rindieron** en Santiago de Cuba. La guerra hispano-estadounidense había terminado.

SI QUIERES SABER MÁS

En junio de 1898 las fuerzas navales de Estados Unidos tomaron el control de la isla de Guam, un territorio español en el océano Pacífico Occidental. ¡Sus habitantes ignoraban que había una guerra!

EL TRATADO DE PARÍS

En octubre de 1898 se iniciaron, en Francia, las conversaciones de paz entre España y Estados Unidos. El 10 de diciembre ambos países firmaron un acuerdo llamado el Tratado de París. Cuba consiguió su independencia y España cedió a Estados Unidos sus territorios de Guam y Puerto Rico.

SI QUIERES SABER MÁS

La guerra hispano-estadounidense duró unas 10 semanas.

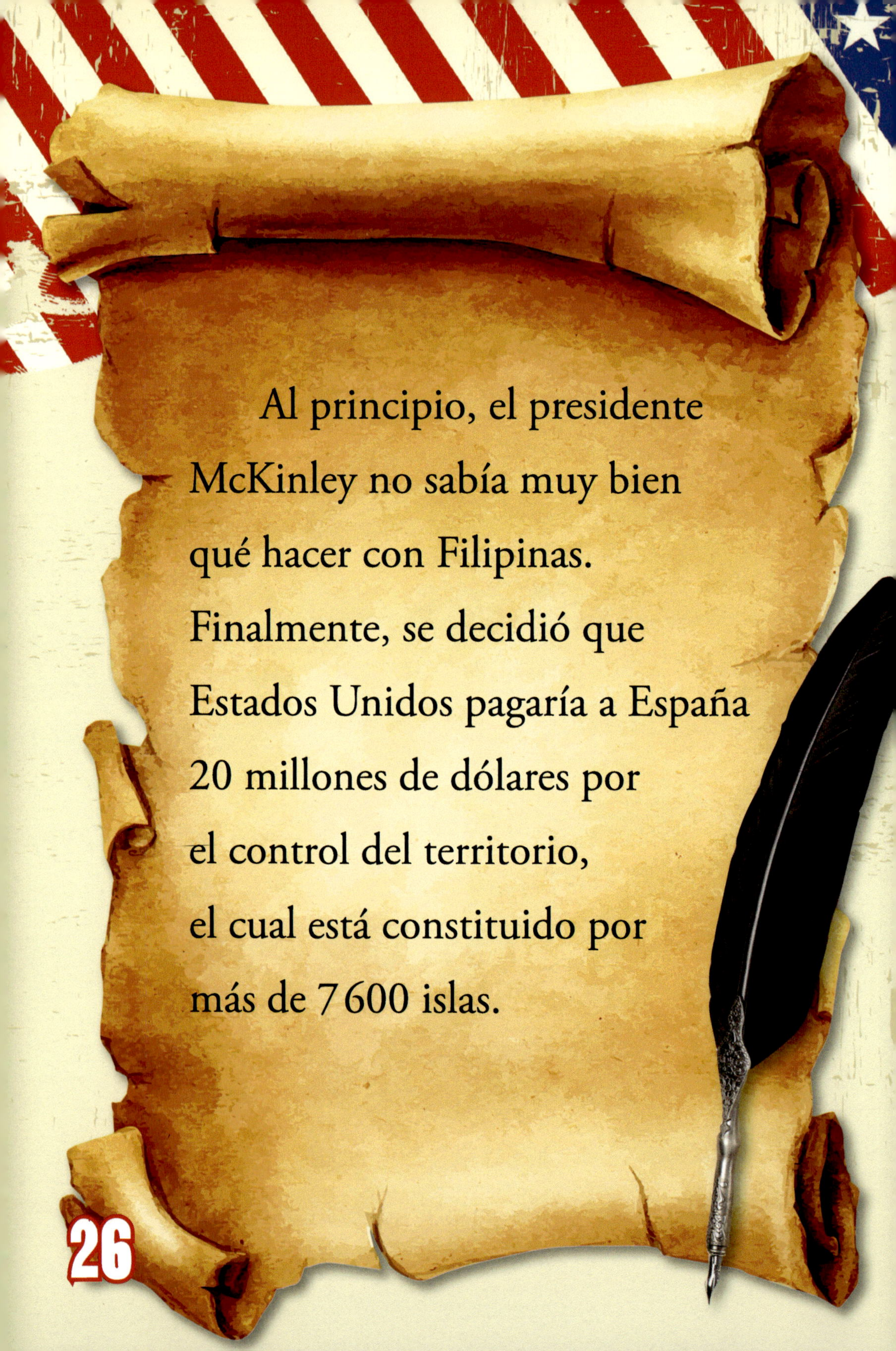

Al principio, el presidente McKinley no sabía muy bien qué hacer con Filipinas. Finalmente, se decidió que Estados Unidos pagaría a España 20 millones de dólares por el control del territorio, el cual está constituido por más de 7600 islas.

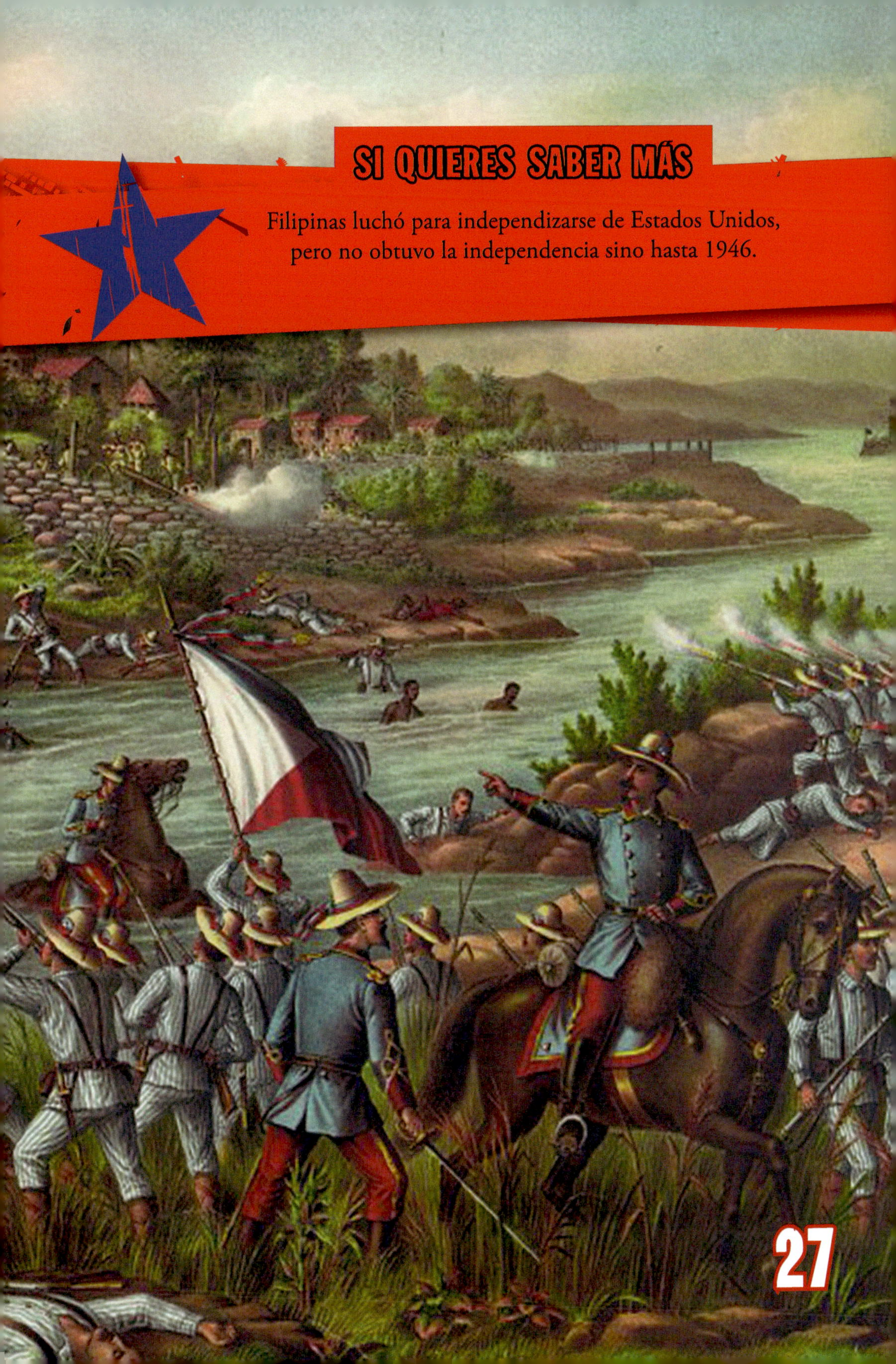

SI QUIERES SABER MÁS

Filipinas luchó para independizarse de Estados Unidos, pero no obtuvo la independencia sino hasta 1946.

DESPUÉS DE LA GUERRA

Tras la guerra, Theodore Roosevelt fue considerado un héroe y, en 1901, se convirtió en vicepresidente de la nación. El presidente McKinley fue asesinado en septiembre de ese mismo año, Roosevelt asumió la presidencia de Estados Unidos que ya era una potencia mundial.

SI QUIERES SABER MÁS

Durante la guerra murieron unos 3 000 soldados estadounidenses, alrededor del 90% a causa de enfermedades.

THEODORE ROOSEVELT

FECHAS CLAVE DE LA GUERRA HISPANO-ESTADOUNIDENSE

FEBRERO DE 1895
Los rebeldes cubanos comienzan a luchar contra España.

15 DE FEBRERO DE 1898
Una explosión hunde el acorazado *USS Maine*.

24 DE ABRIL DE 1898
España declara la guerra a Estados Unidos.

25 DE ABRIL DE 1898
Estados Unidos declara la guerra a España.

1 DE MAYO DE 1898
Los buques estadounidenses derrotan a los españoles en la bahía de Manila, Filipinas.

1 DE JULIO DE 1898
Las fuerzas estadounidenses ganan la batalla de las Colinas de San Juan.

3 DE JULIO DE 1898
Los buques de Estados Unidos derrotan a los españoles cerca de Cuba.

17 DE JULIO DE 1898
Los soldados españoles se rinden en Santiago de Cuba.

1 DE OCTOUBRE DE 1898
Empiezan las conversaciones de paz entre España y Estados Unidos.

10 DE DICIEMBRE, 1898
España y Estados Unidos firman el Tratado de París.

GLOSARIO

acorazado: buque de guerra protegido con planchas metálicas.

colonia: territorio controlado por un país extranjero.

comodoro: en la Armada de Estados Unidos, nombre que recibe el capitán de navío cuando comanda más de un barco.

declarar: decir algo de manera oficial.

exigir: pedir algo con fuerza e insistencia.

explosión: súbita liberación de energía.

independencia: libertad, sobre todo la de un país para no depender de nadie.

intervenir: tomar parte en algo para influir en el resultado.

invertir: gastar dinero en algo para ganar más dinero.

investigador: profesional que busca y recopila hechos acerca de un asunto.

rebelde: persona que lucha para derrocar al gobierno.

rendirse: dejar definitivamente lo que se estaba haciendo. En guerra, abandonar la lucha y reconocer la derrota ante el enemigo.

territorio: área controlada por un gobierno.

voluntario: persona que ofrece sus servicios sin que se lo pidan.

PARA MÁS INFORMACIÓN

Libros

Baker, Brynn. *Roosevelt's Rough Riders: Fearless Cavalry of the Spanish-American War*. North Mankato, MN: Capstone Press, 2016.

Rice, Katelyn. *The Spanish-American War*. Huntington Beach, CA: Teacher Created Materials, Inc., 2017.

Sitios de internet

Los *Rough Riders* atacan las colinas de San Juan, 1898.
www.eyewitnesstohistory.com/roughriders.htm
Aprende cosas sobre la batalla contadas por sus protagonistas.

La guerra hispano-estadounidense
www.ducksters.com/history/us_1800s/spanish-american_war.php
Lee una breve historia de la guerra para saber más datos.

Nota del editor para educadores y padres: nuestro personal especializado ha revisado cuidadosamente estos sitios de internet para asegurarse de que son apropiados para los estudiantes. Muchos sitios de internet cambian con frecuencia, por lo que no podemos garantizar que posteriores contenidos que se suban a esas páginas cumplan con nuestros estándares de calidad y valor educativo. Tengan presente que se debe supervisar cuidadosamente a los estudiantes siempre que tengan acceso al internet.

ÍNDICE

América Latina, 4, 5
Caribe, 14
Cuba, 4, 6, 7, 8, 9, 10, 15, 18, 19, 22, 24, 30
Dewey, comodoro George, 16
Filipinas, 14, 16, 17, 26, 27, 30
gobierno, 12
Guam, 23, 24
Manila, 17
McKinley, William, 9, 12, 26, 28
océano Pacífico, 4, 23
periódicos, 7
Puerto Rico, 24
reconcentrados, 6
Roosevelt, Theodore, 19, 28
Rough Riders (Jinetes Recios), 19
soldados búfalo (*Buffalo Soldiers*), 21
USS *Maine,* 10, 11, 12, 30